聖なる教会を目ざして

ハラスメントを
起こさないためには
どうしたらよいか

イムマヌエル綜合伝道団人権委員会 [著]

いのちのことば社

序文

城倉由布子

　このたび、イムマヌエル綜合伝道団が本書のような「ハラスメント問題」を共に考え、ハラスメントをしない私たち、そして教会となっていくことを目ざすパンフレットを作ってくださったことを感謝いたします。素晴らしいのは、今まで、このようなテーマのテキストは、それぞれの教派・教団内だけで共有されるために作られることが通例でしたが、これを「いのちのことば社」を通して、教派・教団の垣根を越えて用いられるようにと出版してくださったことです。

　私が属する日本バプテスト連盟は 2005 年に「セクシュアル・ハラスメント防止・相談委員会」を設置しました。当時、相談窓口を設置している教派・教団はほとんどなく、まさに暗中模索の中でのスタートでした。しかしその後、様々な教派・教団で、この問題に取り組むことへの重要性が認識され、相談窓口や解決の仕組みが整えられてきました。それに伴い、共に学び、問題を共有していく「セクシュアル・ハラスメント防止連絡会」が発足し、2019 年度には 10 の教派・教団の代表者が集まって開催されています。

　ハラスメントの加害は、教会内、教派・教団内で起こることはもとより、教職者・教役者、信徒の教派・教団を超えた働き、交わりの中でも起こっています。ですから、横のつながりはとても重要です。

ひとつの教派・教団がハラスメントの問題に取り組んでいたとしても、これが日本のキリスト教界全体の問題意識となっていかなければ、解決が困難になってしまうからです。そのような意味で、このパンフレットが広く読まれ、教会、教派・教団内での研修に用いられるようにと公に出版してくださったことは大変意義のあることだと思います。

　昨今、"MeToo（ミートゥー）運動"と呼ばれる、セクシュアル・ハラスメントの被害者のカミングアウトと加害者への告発のうねりがアメリカから起こり、「ミートゥー、私も被害者です」と世界中の被害者の方たちが声をあげています。セクシュアル・ハラスメントの被害者が、声をあげるということは容易にできることではありません。相談窓口に相談するということも相当敷居が高いものです。それでも、次の被害者を出さないためにと勇気をもって名乗り出ておられます。

　私たちの取り組み、そしてこのようなパンフレットも、被害者の方々が声を聞かせてくださったからこそ生まれてきていることを忘れてはならないと思います。無念さを抱きながら教会を去って行かれた人たちも無数いること、身近なところに声に出せない被害者がおられるということを、心のどこかに留めながら本書が用いられ、ハラスメントを起こさない取り組みの輪がさらに広がっていくことを願ってやみません。

（日本バプテスト連盟セクシュアル・ハラスメント防止・相談委員会委員）

目次

第3章　ハラスメントを起こさないためにはどうしたらよいでしょうか？

第4章　セクハラを受けた方のために

装幀・本文レイアウト　Logos Design（長尾 優）

本文イラスト　渡辺 寛

＊聖書 新改訳 2017©2017 新日本聖書刊行会

はじめに　このパンフレットについて

1　背景 —— 聖なる教会を目ざして

このパンフレットは、神の栄光が現される聖なる教会が建設されることを切に願いながら作成されました。

ハラスメント（上に立つ立場や権力を利用した、あるいは力関係の優位性のもとで起こる嫌がらせ・不快な言動）は今や大きな社会問題になっています。非常に胸が痛むことですが、キリスト教会においても無視できない状況にあります。表面化していなかったという面もあるのかもしれません。

一般的に知られているパワハラ（パワー・ハラスメント、power harassment）、セクハラ（セクシャル・ハラスメント、sexual harassment）、モラハラ（モラル・ハラスメント、 moral harassment、セクハラ、パワハラの心理的背景、夫婦関係なども含む）に加えて、最近では、ソギハラ（ソギ・ハラスメント、SOGI：Sexual Orientation & Gender Identity）という用語、さらに私たち教会に関係が深い概念として、宗教ハラスメント、レリハラ（レリジャス・ハラスメント religious harassment）という言い方もされるようになりました。レリハラとは、パワハラ、セクハラ、モラハラを含めて、宗教団体に関係したハラスメントを意味する言葉です。宗教的指導者に盲従することがよしとされ、教義についての批判・疑問、他の思考は許されないなどの現象が見られる、あるいは、多額の献金の強要や性的嫌がらせなどが存在するケースもあるという指摘を受けています。

　ホーリネスを大切なメッセージとしてとらえている教団・教派も例外
ではありません。ハラスメントは健全な教会建設を妨げ、教会から主の
聖なる愛を締め出し、平安を奪います。さらに、教会をカルト化してし
まう危険さえあります。ハラスメントには、それほど大きな悪影響を与
える力があるのです。健全な教会形成のために、もはや対岸の出来事と
して、この問題を避けて通ることはできません。私たちが宣べ伝える福
音の中核には、人格の尊厳の尊重があります。しかし、ハラスメントは
相手の人格の尊厳を尊重しないところから発生するものなのです。

　このような状況に鑑みて、各教団・教派は 2010 年前後から、人権委
員会やハラスメント対応窓口を設置するようになってきています。

2　目的 ── 理解を深めるために

　このパンフレットは一教団の人権委員会の活動の一環として作成され
ました。冒頭に述べましたように、聖なる教会の建設を願って作成され

たのであって、決してだれかをさばくためではありません。委員会では、ハラスメントの様々な要素について学びを重ね、多くを悔い改め、牧会上の行動を改める努力をしてきました。それでもまだ不十分だと思います。

　今、へりくだって願うことは、このパンフレットを通して、キリストのからだである教会全体が、ハラスメントに関する認識を共有し、「キリストによって、からだ全体は、あらゆる節々を支えとして組み合わされ、つなぎ合わされ、それぞれの部分がその分に応じて働くことにより成長して、愛のうちに建てられること」(エペソ4章16節) です。

3　使い方 —— 主のあわれみを祈り求めて

　このパンフレットには、私たちが今まで気づいていなかったことや、わからずにしてしまっていたことが書かれているかもしれません。使用するにあたって、牧師、信徒それぞれの立場の枠を越えて、自らを顧み、反省し、そのことを通して主のあわれみを祈り求め、さらに恵みに深めていただくことが必要です。

　ハラスメントを受ける側であった場合は、このパンフレットをお読みいただくことで、かえってつらいお気持ちになる可能性もあります。その場合、もし必要であれば、心理士などの専門家の助けを得るなど、これからの信仰生活を祝福あるものにするために、適切な対応をしていただきたいと思います。

　もし互いを攻撃するためにこのパンフレットが使われ、そのことで対立が増幅されるとしたら、おそらく最も悲しまれるのはイエスさまご自身でしょう。

　このパンフレットによって相互理解が深まり、そのことで信頼が培われる契機になればと願っています。牧師はもとより、信徒の皆さまも、

「そういうことなのですね」と受けとめていただき、お互いに協力して、教会の建て上げに加わっていただければ幸いです。

4　範囲 ── 包括的な理解のために

　このパンフレットは、内容をセクハラに限定せず、広い意味でのハラスメント、特にパワハラとレリハラを含めて取り上げています。内容は以下のようになっています。

■ ハラスメントとはどのようなことですか？
■ ハラスメントはどうして起こるのですか？
■ ハラスメントを起こさないためには、どうしたらよいでしょうか？
■ セクハラを受けた方のために

第1章　ハラスメントとはどのようなことですか?

1　セクハラ── 受ける側が不快に感じる

　ハラスメントとは「優越した地位や立場を利用したいやがらせ」(広辞苑)のことです。セクハラ（セクシャル・ハラスメント）もハラスメントの一つであり、性的に不適切な、受ける側が望まない言動のすべてを言います。行為ばかりでなく、言葉や身振りや文書による場合もありますし、パソコンやスマホを利用して行われることもあります。受ける側は、人格の尊厳を傷つけられ、肉体的、精神的に傷を受けます。重要なことは、

受ける側が不快に感じている

ということです。自分はその場の雰囲気を取り繕ったとしても、被害者には傷として残ります。

2　パワハラが土壌にある

　セクハラはパワハラ（パワー・ハラスメント）と無関係ではありません。つまり、セクハラは上司から部下に、教師から生徒にという具合に、優越した地位や立場を利用して行われることが多いからです。キリスト教会内で発生したセクハラのほとんどは、弱い立場にある信徒や教会学校生が教会の指導者から受けるという構図で行われました。しかし、牧師から信徒という関係以外の関わりの中で行われることもあります。牧

師がハラスメントを受ける立場に立たされる場合もありますし、信徒同士で起きることもあり、様々な状況が想定されます。

　加害者は自分がセクハラをしているとは思っていません。むしろ愛の表現であるとか、愛をもって指導していると思い込んでいることもあります。

　健全な関係とハラスメントとの違いを聖書の中に見ることができます。ガラテヤ6章1節によると、指導する人は「御霊の人」であり、「柔和な心で」指導します。「自分自身も誘惑に陥らないように」目を覚ましています。またⅠペテロ5章2、3節によると、「卑しい利得を求めてではなく、心を込めて」神の羊を牧します。「群れの模範」となるように努めます。どこまでも羊のことを考えます。パウロのように、兄弟姉妹の信仰を支配するのではなく、徳を建てるように心がけ、教会に仕えます。指導する内容がキリスト者の成長であったとしても、それを押しつけるようなことはしません。謙虚に模範を示すことを心がけます。つまり、健全な指導には謙遜が伴うということです。

　パワハラはそれとは対照的です。相手のことよりも、自分を中心に行動します。自分が正しいことを語っており、間違ったことはしていないと、自分の義を主張します。話すときには上から目線で話し、時には威圧的になったり、攻撃的になることもあります。兄弟あるいは姉妹の人格を尊重する以上に自分の働きの成功を優先させます。時には、理不尽なことを要求し、聞き入れないとその人を無視したり、教会での奉仕を取り上げることすらあります。そこには寛容は見られません。

　明らかなセクハラが行われた、あるいは理不尽な扱いを受けたなど、極端な例はそれほど多くはないと思います。しかし大変残念ですが、公表されている事例もあります。私たちはこうした問題が起きる可能性があることを謙虚に認めて、防止に努めたいと願っています。

　セクハラをはじめとして極端なハラスメントは必ずしもすべてが表

立って現れるとは限りません。セクハラを感じながら人知れず悩み、表ざたにして加害者を傷つけたくないという思いから、ひそかに教会を去ってしまう場合もあり得ます。たとい牧師の言動を不快に感じていても、拒絶し抵抗できないために、されるままになってしまう場合もあります。

3　当事者性の欠如 ── 加害者は自分が加害者だと思わない

　加害者の側では、自分が加害者であると自覚していません。相手が不快に感じていることに気づかず、愛の表現として行っていると主張することもあります。また、「自分こそ霊的だ」と思っていたり、「指導」という言葉を好んで使うとしたら注意が必要です。被害者の人格を尊重するよりも、自分の正当性を主張するからです。ハラスメントは、自分が気づくことができないからこそ起こり得るものです。ですから、

自分には関係ないと思われた方こそ要注意

なのです。自分は大丈夫と思う発想がハラスメントを生み出す土壌になるのです。牧師は例外なく、「気づかないだけで、自分もしているかもしれない」という謙虚な認識が欠かせません。「聖なる歩みをしているなら、そんなことはあり得ない」と思いたいのですが、ハラスメントはいつでも起こり得ることを謙虚に認め、起こさないように目を覚ましていたいと願っています。私たちはだれでも、いつ被害者になるかわかりません。同時にすべての人が例外なく、いつ加害者になるかもわからないのです。自分はいつ加害者になるかわからないという当事者意識を持つことが大切です。この意味での当事者性が欠けていることがハラスメント問題の本質なのです。

4　結果の重大さ

　ハラスメントは、加害者が、自分がハラスメントをしているという認識がないまま起きることがあります。加害者がどのような意識だったとしても、被害者が受けるダメージは小さくありません。その日から自分の生きる世界が一変してしまったり、メンタルを病んで一生そのハンディを抱え込んだまま過ごさなければならなかったり、自死に追い込まれたりするケースもあります。教会を去っていった方もあるかもしれません。このような重大な結果を招かないために、自分は、被害者になる可能性もあり、同時に加害者になる可能性もあるという謙虚な認識を持っていたいと思います。

第2章　ハラスメントはどうして起こるのですか?

1　背景にある精神的な傾向性

　マリー＝フランス・イルゴイエンヌ（精神科医、家族心理療法家。「モラル・ハラスメント」の概念を提唱した）は、「モラル・ハラスメント」（パワハラ、セクハラ、DV を含む）の加害者には「自己中心である、人から称賛されたい、批判を認めない」などの「加害者に特有な自己愛的な性格」が見られると述べています。そうした性格はだれもが多少は持ち合わせているものですが、ハラスメントの加害者になる人は「内心の葛藤を自分自身では引き受けられない」ために、きちんとコントロールしてその場で終わらせることができず、「絶えずだれかを自分の利益のために操り、また破壊しよう」とする、つまり加害者は、自己愛的な傾向を持っている、としています。そして、「自分の身を守るために他人の精神を平気で破壊する。しかも、それを続けていかないと生きていくことができなくなる」と記しています。表現は強いかもしれませんが、そのような傾向が自分にないかをチェックしてみることは大切です。（『モラル・ハラスメント——人を傷つけずにはいられない』pp.209-210）

　マリー＝フランス・イルゴイエンヌは、自己愛的な人格の特徴を８つ述べ、そのうち５つ以上の項目に当てはまる人は自己愛的人格障害であると診断されると述べています。自己愛的人格障害については多方面からの研究著作があり、すでに一般社会でもキリスト教会でも、定着した認識になりつつあります。８つの特徴は、簡単に紹介すると次のような内容です。

(1)　自分は強くて、重要な人物だと思っている

(2)　自分が成功したり、権力を持ったりできるという幻想を抱き、その幻想には限度がない

(3)　自分が特別な存在だと思っている

(4)　いつも他人の称賛を必要としている

(5)　すべてが自分のおかげだと思っている

(6)　人間関係の中で相手を利用することしか考えない

(7)　他人に共感することができない

(8)　他人を羨望することが多い　　　　　　　　　　（前掲書 pp.211-212）

　こうした自己愛的な傾向を持った方とは会話がかみ合いません。なぜなら、自己愛的な傾向とは自分を過度に大事に考えるパーソナリティーの傾向であり、そのために自分を客観視することがなかなかできないからです。問題があると指摘されても、自分に問題があるとは考えません。

2　牧会における人間的な弱さと誘惑

　ハラスメントの加害者になる原因は自己愛的性格が強いという人格的な偏りばかりでなく、人間の弱さと誘惑が原因になることがあります。誘惑するものは獅子のように獲物を狙っています。牧師が陥りやすい誘惑には３つの種類があると言われます。金銭と性と権威です。主は弟子たちに「誘惑に陥らないように、目を覚まして祈っていなさい」（マタイ26章41節）と語られ、パウロは、自分は大丈夫だと思っている人に「立っていると思う者は、倒れないように気をつけなさい」（Ⅰコリント10章12節）と語っています。このように、ハラスメントの背景には人間的な弱さもあるのですが、ハラスメントが起きてしまった場合には、「それは人間的な弱さだった」という言い訳が通用しないことを肝に銘じておかなけ

ればなりません。

3　権威主義・成果主義は黄色信号

　教団、教会にあって上に立つ者や指導者は、特に権威の誘惑に陥らないよう細心の注意を払う必要があります。権威主義に陥ってしまうと、自分一人で専決してしまい、後で問題となることがあります。

　最近、企業などでは過重な労働や残業が問題となっています。成果主義の導入が背景にあるようです。それを教団、教会にそのまま当てはめてしまうと、信仰の命は失われてしまうでしょう。自分の業績（奉仕の結実）を上げることが目的となり、そのために兄弟姉妹を利用するようになります。そうなると、教会から主の愛が失われ、健全な聖徒の交わりができなくなります。自分の信仰は目に見える結果を伴っているから大丈夫だと思っていたら、真剣に反省しなければなりません。牧師であれば、自分の教会に受洗者が与えられることは、自分の信仰が大丈夫であることの保証ではありません。

　権威主義とカルトの関係にも注意が必要です。カルトという言葉そのものは「崇拝」を意味します。もともと悪い意味で用いられていたわけではありませんでしたが、次第に悪い意味を持つようになりました。マインド・コントロールについても同様のことが言えます。今ではその両者がセットになって、悪影響を与える宗教が生まれてきています。その特徴は大きな権威を持つ教祖がいるという点です。

　宗教が悪影響を与えるカルトと化してしまうと、宗教の名のもとに平気で他人を傷つけるようになってしまいます。傷つけられるのは必ずしも身体だけではありません。財産や仕事を奪われ、精神的に苦しめられ、日常生活さえ乱されてしまいます。その破壊力は恐るべきものです。人格さえ破壊してしまうのです。

4 私たちの教会は大丈夫と思いたい落とし穴

　必ずしもカルトではないのですが、カルト的な方向性が内包されている牧会理念は、ハラスメントの土壌になる可能性があります。信徒たちは指導者の指導や主張を絶対化するようになります。指導者が言うことは無条件に受け入れるようになります。こうした中で、信徒は金銭およびそのほかの資産を差し出すよう説得され、指導者から性的関係を強要されることさえあります。

　「私たちの教会にはそんなことはありえない」と思わないでください。異性の信徒の方との距離感は本当に大丈夫でしょうか？　自分では普段の何気ない牧会の場面だと思っているところでハラスメントは起こります。

　たとえ教会であっても、ハラスメントによって隣人を傷つけるようなことがあれば、カルト化した集団となってしまうこともあり得ます。「目的を達成するために手段を選ばない」熱狂主義に陥り、成果を得ることを第一とするあまりに、隣人（信徒）の心身の健康、財産を奪い、相手に祈ったり考えたりする時間を与えることなく、即座に服従するように求めてしまうでしょう。

5 牧師・信徒相互の関係と牧会的指導の問題

　牧師が、信徒の奉仕について注意するということがあった場合、指導のつもりであっても、叱られたと受けとめられる可能性もあります。信徒からすれば、良かれと思ってしたことについて注意を受ければ当惑します。場合によっては心に傷を負うでしょう。それ以降、萎縮してしまって、牧師の顔色を伺うようになるかもしれません。牧師からすれば、教会全体の方向性に合わなかったり、責任者である自分の意向を確かめず

にされたために、組織として困ったということがあったり、この信徒には指導が必要だと感じることもあるかもしれません。

このことだけでパワハラかどうかを決めることはできません。しかし、牧師も信徒から謙虚に指摘を受けるという方向性なしに、牧師が信徒のしたことについて欠けを一方的に指摘するだけであれば、牧師は、教会という、一定の閉鎖性をもった空間の中で強い立場を利用していると思われても仕方ありません。これは、牧師と信徒の関係はどうあるべきかという、基本的な牧会理念の問題です。

牧会的な指導を禁じているのではありません。どうしても注意することを避けられないケースもあるでしょう。大切なことは、牧師・信徒を問わず、相手の気持ちを尊重しているか、牧師であれば、相手を主から託された羊として大切に受けとめているか、あるいは、「主のため」という説明がついたとしても、信徒のことを、自分が自由に動かすことができる駒のように考えてはいないか、信徒であれば、牧師を主からいただいている羊飼いとして大切に受けとめているかということです。信徒同士でも同じです。教会に複数の牧師がいる場合であれば牧師同士でも同じことが言えるでしょう。つまり、ベースにある問題は、相手の気持ちを理解しているか、相手を人間として尊重しているかということに尽きるのです。

6　信徒から牧師へのハラスメント

牧師が強い態度に出ないことがわかると、牧師が信徒から威圧的な扱いを受けることもあります。たとえば信徒が、「牧師家庭の子育てや休暇の持ち方など、牧師の職務と関係のないことについて」介入したり、「牧師職は『聖職』と考え、緊急の場合は 24 時間対応ですが、日常的に 24 時間牧師職を果たすべきと要求したり、忙しさや貧しさ（清貧）を牧師

に求めたりすること」もあり得ます（参考：バプテスト連盟『ハラスメント防止テキスト、教会と暴力Ⅰ』p. 14）。ある程度は牧会対応で切り抜けようとするでしょう。しかし繰り返されれば、それはハラスメントです。牧師も人間ですので、人間として接してもらう尊厳と権利を持っています。

　方向性が信徒から牧師であるために、ハラスメントという認識がされにくいケースですが、相手の人格の尊厳を尊重できないというのがハラスメントの本質であるとすれば、同じです。

7　宗教という大義

　パリサイ主義に対してイエスさまが言われたことは、真の宗教は人間を自由にするということでした。信仰は信じる者を自由に、健全に、そしてある意味で「普通」にします。ところが、教会の構成メンバーが直感的に「おかしいな」と感じることがあっても、そこに宗教的大義がつくと、「でも信仰のことだから」ということで、いつのまにか良いことになってしまいます。レリハラ（レリジャス・ハラスメント）が社会的に指摘されるようになった背景にはこのことがあります。

　献金のことが問題になる場合もあります。献金のアピールは、行きすぎると、レリハラと取られかねません。献げる人は神さまのためにという思いで献げ、牧師・教会は献げられた献金を神さまから委ねられたものとして真実に運用するべきものです。ですから、献金のアピールは双方が健全だとうなずける許容範囲の中でなされるべきではないでしょうか。

8　健全な権威の用い方

　教会には、洗礼や聖餐、あるいは説教など、ある種の権威が伴う場面

があります。権威は主から託されているという面もあります。しかし、教会で上に立つ者が、無自覚に、また安易にその権威を用いてよいかというと、そうではありません。むしろ、権威は主のものであり、自分には権威はないという自覚をもって、群れに仕えるあり方を探っていく必要があります。説教は、権威による指導ではありません。へりくだって、みことばを分かち合うことです。私たちは、新約の恵みの時代に生かされているお互いであり、その究極のモデルはイエスさまです。

　教会では、権威はへりくだりによって表現されることを心に留めておきたいものです。威張れば、その場は良いように見えても、権威は失墜します。謙遜は下手に出ることでは必ずしもありません。卑屈になることでもありません。神さまの前に自分を持ち上げることをせず、自分を下げることもせず、ありのまま自分を受け入れていくことです。役割上、人をリードしてまとめていかなければならない立場に置かれるからこそ、そのようなところから生み出される真実さをもって人と関わることが、主にあって期待されていることなのでしょう。

　牧師・信徒を問わず、責任ある奉仕が委ねられても、権威は自らのものではないことを心に留めておきたいと思います。

第3章　ハラスメントを起こさないためには どうしたらよいでしょうか？

1　あわれみで生かされているというスタンスを 忘れないようにしましょう

　牧師、あるいは教会の役員や幹事がそれぞれの立場で奉仕が許されているのは、自分がすぐれているからではありません。牧会・伝道の成果を上げたからでもありません。何の資格もない者が、ただ主の赦しとあわれみをいただいて生かされている、そればかりか、奉仕や信仰の年限が重ねられれば重ねられるほど、そのような自分が主の働きに加えていただいているという意識を深めていかなければなりません。「私は使徒の中では最も小さい者であり、神の教会を迫害したのですから、使徒と呼ばれるに値しない者です。ところが、神の恵みによって、私は今の私になりました」（Ⅰコリント15章9〜10節）。

　私たち人間は弱いので、自分が関わっていることについて時間が経つと、それをコントロールしたくなります。しかし、かつて人の上に立ちたがっていたあのペテロは、後に「あなたがたのうちにいる、神の羊の群れを牧しなさい。……割り当てられている人たちを支配するのではなく」（Ⅰペテロ5章2〜3節）と述べ、人をコントロールしたり支配したりすることが群れの形成にとって問題の本質であることを示唆しています。健全な奉仕は、人を支配しません。そこがぶれると教会は病みます。これは牧師だけのことではありません。「自分たちの召しのことを考えてみなさい。……神は、……この世の弱い者を選ばれました」（Ⅰコリント1章26〜27節）とあるように、牧師・信徒を問わず、群れに属する一人ひ

とりが、なぜ自分は召し出されたのかを深く心に留めなければなりません。

2　私たちの教会でも起こり得ると思うところから 始めましょう

　まず、パワハラ、セクハラ、レリハラは私たちの教団あるいは教会にはあり得ないという思いを捨て、どこでもあり得ることを謙虚に認めることが大切です。主は弟子たちに「誘惑に陥らないように、目を覚まして祈っていなさい。霊は燃えていても肉体は弱いのです」(マタイ26章41節) と言われました。このパンフレットの作成に関わらせていただいたチームの一人ひとりも、今ならば明らかにハラスメントではないかと思われるような言動が過去に自分自身の牧会にもあったことを思い返し、恥じ入るものです。

　普段からパワハラ、セクハラはあり得ると認めていると、実際に発生したときに、弁解や自己主張せずに率直に謝ることができるようになります。必要な場合には直ちに対応することができるようになります。ハラスメントはあるはずはないと頑なに主張していると、なかなか率直になることができなくなってしまいます。また、「第2章　ハラスメントはどうして起こるのですか?」で述べたように、「自己愛的人格障害」とは言わなくても、自分には自己愛的な傾向があると感じた場合は、その傾向が正しい範囲の中に保たれ、ハラスメントにならないように心がけることも大切です。

　ハラスメントは、加害者側が正当な理由があると考えることであっても、被害者側が不快に感じる場合にはハラスメントになります。ですから、自己主張や弁明をせずに、「ほかの人のことも顧み」る (ピリピ2章4節) 愛と思いやりを持つように心がけましょう。そうするなら、隣人に不快

感を与えてしまうことが少なくなるはずです。

　互いに人格を尊重し合うこと。たとい正論であっても押しつけるのではなく、互いに理解し合えるように努力しましょう。

3　自分を見る視点を養っていきましょう

　私たちは、人のことはよく見えるのですが、自分を見ることが苦手です。イエスさまが、「あなたは……自分の目にある梁には、なぜ気がつかないのですか」(マタイ7章3節) と言われたとおりです。しかし、健康的な信仰体験には、前提として、自分を客観視することによる自己洞察が欠かせません。牧師・信徒を問わず、自分はどれだけ霊的であると言っても、自分を見る視点が欠けた信仰は独りよがりになります。自分を見ることの大切さをどれだけ意識しても、それでも自分のことはなかなかわからないものです。そのときは、自分について周囲の人にコメントしてもらいましょう。自分の身近にいて、自分が信仰的に信頼できる人にコメントを求めることが、自分について新しい気づきを得る助けになります。

4　みことばから学びましょう

　ハラスメントについて理解を深めてきたところで、みことばに思いを向けてみましょう。ハラスメントによって決して侵されてはならない人権に関して、パウロに学びたいと思います。

　二つの聖書の箇所を引用します。一つはピレモンへの手紙です。パウロはピレモンを「愛する同労者」と呼びます。パウロはピレモンと、「キリストにあって、全く遠慮せずに命じることもできる」関係にありました。ピレモンにはオネシモという「役に立たない」奴隷がいましたが、

パウロの導きで回心し、「役に立つ者」と変えられました。パウロはオネシモを自分のところにとどめておいて、福音のために仕えてもらいたいと思っていましたが、ピレモンの同意なしにそうしようとは考えませんでした。パウロはピレモンに「あなたの同意なしには何も行いたくありませんでした。それは、あなたの親切が強いられたものではなく、自発的なものとなるためです」と述べています。どんなことでも命じることができるパウロでしたが、ピレモンに期待していたのは「同意」であり、「自発的」であることでした。パウロはピレモンの人格を軽視するようなことはしませんでした。すべての聖徒に対する愛を評価し、神に感謝できる人は、人格の尊厳を大切にします。キリストにある愛は隣人の尊厳を傷つけるようなことはしないのです。

　もう一つの聖書の箇所はⅡコリント1章24節です。パウロはコリントの信仰者たちに、「私たちは、あなたがたの信仰を支配しようとする者ではなく、あなたがたの喜びのために協力して働く者です」と述べています。様々な問題を引き起こしていたコリントの人々を導く手っ取り早い方法は、彼らの信仰を強引に支配することであったかもしれません。しかしパウロは、人の信仰を支配するような牧者ではありませんでした。彼らの信仰の状態がどのようであったにせよ、彼らは「信仰に堅く立って」いたのです。彼らの信仰は人間の知恵に支えられるのではなく、「神の力による」（Ⅰコリント2章5節）ものでなければならないことを、パウロはよく理解していました。福音の恵みは、私たちを隣人の人格を尊重するように変えるだけでなく、信仰が神からの賜物であることと神の力に支えられていることとをいつも告白させます。「信仰を支配する」人は恵みの福音から離れています。信仰は人が支配するような性質のものではないからです。また、信仰の支配下には抑圧と隷属があるのみであり、「喜び」はありません。パウロは、多くの問題を起こしていたコリントの信仰者たちが御霊の実である喜びに輝くために協力者として奉仕しま

した。こうした関係の中にはハラスメントが入り込む余地など全くありません。このような生き方こそ主イエス・キリストにある者の聖なる生活であると言えます。

5　ハラスメント対応について知り、事案が起きないことを目ざしましょう

ハラスメントについて学ぶと、少し心配になるでしょうか。

「受ける側が不快に感じているだけでハラスメントになってしまうのならば、どうしてよいかわからない」

「時代劇の悪代官の『近う寄れ』みたいなのは明らかにセクハラだとしても、日常の場面で問題になるのは、グレーゾーンのもっとわかりにくいものがほとんど。ハラスメントと思われないためにはどうしたらよいだろうか」

実際、時代劇の悪代官のようなことは論外で、今はアウトです。しかし、現場はもっと微妙で、会社の上司、大学の教員など、責任や指導を委ねられている立場の人たちが、ハラスメントで訴えられないかについて心配している現実もあります。ハラスメントになるかわかりにくいグレーゾーンについて、理解を深めておく必要があります。

そこでまず、実際にハラスメント問題にどのように対応するかを見ておきましょう。ここではハラスメント問題が事案化したという意味で、被害者を「申立人」、加害者を「被申立人」と呼びます。

> まず、一般的な対応として、申立人および被申立人に、聞き取りは一定の専門性をもって行うことを伝えます。必要な場合は、心理士や対人援助専門職が対応します。

申立人への聞き取りは、寄り添いをベースに被害状況の把握に努めます。

被申立人への聞き取りは、公平性をベースに事実関係の確認を行います。当然、被申立人の権利も配慮されます。

申立人、被申立人への聞き取りは、原則、別の担当者が対応します。

　それでも心配になるでしょうか。申立人に虚言があった場合はどうするのか。冤罪の可能性はないのか。たしかに痴漢の冤罪はマスコミでも取り上げられるほど重要な問題になっていますが、私たちキリスト教会が直面するハラスメント事案はその点についてはそれほど問題ないと思われます。だからこそ聞き取りには、ハラスメント問題に対応する専門性が求められるのです。聞き取りをする人が心理や対人援助の専門家であれば、申立人に寄り添いつつ、申立人のパーソナリティーや問題の背景まで十分考慮しながら丁寧に話を聞き、事案の全体像を理解するように努めますので、事実関係はおおむね確認することができるでしょう。

　申立人・被申立人の証言に差がある場合があります。申立人・被申立人はそれぞれ自分の立場から発言するのが普通で、証言に食い違いがまったくないということはありません。それでも、そこから事実を描き出すのが聞き取りの作業です。もしこのような丁寧なプロセスが保証されるのであれば、被申立人が一方的に罠にはまる危険性はそれほどないと考えてかまわないと思います。

　なぜハラスメント事案は被害者側ばかりに加担するのかという印象をお持ちになるかもしれません。それには専門的な理由があります。ハラスメントは加害者・被害者の間に著しいアンバランスが発生しているの

で、被害者が危険な状況にあったら、まず被害者を救済する必要があるからです。それで、原則的に被害者への寄り添いからスタートします。これを

「被害者救済優先の原則」

と呼びます。被害者にとってはすでに状況は大きくマイナスであり、フェアな対応こそ被害者にとってはフェアではないのです。もちろん、だからといって加害者側の人権が無視されてよいわけではありません。十分に訓練された専門機関であれば、双方に十分留意したうえで事実関係が確認されます。

　この意味でハラスメント対応は、素人が安易に関わるべきではありません。最低、世の中が一般的に認めている対人援助の専門家であること、さらにハラスメント対応の訓練を受けた者であることが求められるでしょう。

　被申立人が事実関係を認めない場合もあります。その原因の一つとして、被申立人は問題が可視化されるとき被害意識を感じるからです。その場合は、申立人に二次被害が及ぶ可能性が高くなります。法的措置に持ち込まれた場合は、心理的ケアは置き去りにされ、申立人、被申立人双方に不満が残る結果になります。以下の表を参照してください。

表　ハラスメント対応のレベル

実　態	人間心理	団体内対応	社会的・法的対応
現　象	不可視	可視	
様　態	発端/心理的化学変化	対人的調整	社会的決着
被害側	不利益と葛藤	可視化による二次被害/傷	絶望/徒労感
加害側	認識下	被害意識	不満/怒り
目　標	情報共有と防止	内部処理能力の向上	起きないようにすること
連　携	――	心理士/対人援助職	弁護士

対応が進めば進むほど、被害者はますます苦しみます。ですから、対応のプロセスで被害者の心理的ケアは不可欠です。何よりも大切なのは、起こさないことです。

　ハラスメント対応は、組織・団体の危機管理能力が問われます。教会、ミッション系学校法人、クリスチャン企業、神学校などのキリスト教系の団体も同じです。しかし、そういったキリスト教系の団体には「崇高な理念」があることが多く、その高い理念が現実を直視することを妨げ、赦し合う風土が甘え体質になりやすい面もあるでしょう。

　問題が起きたときに、宗教団体であるがゆえにオープンに開示しにくいという面もあります。様々な配慮が必要になるからです。営利団体であれば業績を上げることを優先し、当該者を処分すればよいのですが、宗教団体になると、そうもいきません。一人ひとりが大切であるという基本線もあります。

　このようにキリスト教系の団体は、危機管理能力が必ずしも高くありません。ですから、どう対応するかにエネルギーを注ぐよりは、とにかく起こさない、このことを目ざしていくべきです。

6　ハラスメントかどうかわかりにくい
　　グレーゾーンについて理解を深めましょう

　実際の事案が起きたときの難しさを理解したうえで、ハラスメントがどのような場合に認定されるのかを見ておきます。ここでは、セクシャル・ハラスメントとパワー・ハラスメントについて取り上げます。同じハラスメントですが、認定のレベルや対応は異なります。

　セクシャル・ハラスメントとは、「性的な嫌がらせ。特に、職場などで男性から女性に対して、または女性から男性に対して行われる性的、

差別的な言動をいう。女性から男性へ、同性同士のハラスメントも含む」
と定義できます。

　セクシャル・ハラスメントには二つのカテゴリーがあります。「対価
型セクハラ」と「環境型セクハラ」です。その中の環境型セクハラは、「意
識的セクハラ」と「無意識的セクハラ」の二つに分類されます。以下に
まとめました。

（1）　対価型セクハラ　★1

　　　　構成要素　　　1）　ある構成員に対して、性的な言動が行われる

　　　　　　　　　　　2）　その構成員がそれに対して反応する

　　　　　　　　　　　3）　その反応によってその構成員が不利益を被る

　このタイプの明らかなセクハラは減少しています。要職にある国家公
務員がセクハラで罷免された事件を機に、「これをすれば、訴えられて
負ける」ということが周知されてきたことによる抑制効果と考えられて
います。企業でも、懲戒免職などの処分が下されます。

（2）　環境型セクハラ

　　　　構成要素　　　1）　ある構成員に対して、性的な言動が行われる

　　　　　　　　　　　2）　その構成員の環境が害される

a）　意識的セクハラ　★2

　　・悪感情に基づき、加害的意図があって性的な嫌がらせをする

　　・ボディーサイズについて聞く

　　・ボディーラインを目で追う

　　・「結婚はまだか」、「子どもはまだか」と聞く、その他

b）　無意識的セクハラ　★3

　　・意図的な性的言動や被害者の不利益への意志が存在しない

　　・「ちゃん」付け、「女の子」や「おばさん」呼ばわり

- 悪意のないボディー・タッチ
- 場を和ませようとする下ネタ
- 身体的特徴や年齢をネタにする
- 激励のために、社員の肩をたたく
- (男性へ) 彼女がいないことをからかう
- 女性職員が独身男性に結婚しない理由を聞く、その他

  (ただし、意図が背後にあれば、意識的セクハラに分類されます)

★1と★2はセクハラ認定されますが、★3はグレーゾーン、グレーゾーンは認定要件によって判断されます。認定要件とは以下の3点です。
1) 言動について相手がセクハラ、あるいは不快に感じた
2) 以下の点で合理性・妥当性が認められる
    ① 過去の認定要件と合致、あるいは類似しているか
    ② 時代の社会通念に反しているか（男女平等の意識や社会通念は変化する）
3) 所属するコミュニティーの理念、伝統などに合致しているか

　明確に線を引くことは難しいのですが、教会的文脈でセクハラにならないために、以下のことに留意しておきましょう。グレーなことは避けるのが基本です。
(1) ボディー・タッチは慎重に。肩をたたく、ハイタッチ、握手するプログラム、手をつないで祈るなどは、現代の社会通念からして避けるほうが安全です。
(2) 身体的特徴について発言すること。身体的特徴は人間の価値と無関係です。「ダイエットしてるの？」もハラスメントと取られます。
(3) 性差に関係した発言。必要な場合であっても相手の視点に立って慎重に。「結婚はまだなの？」、「赤ちゃんはまだなの？」、会議で「女

性の発言だから」と発言することなどは控えるほうが安全です。

(4) 性を象徴することば、たとえば「おっぱい」などのことばを人前で安易に使うこと。聞いている人が不快に感じる可能性があるので、避けるべきでしょう。

(5) 性差によって職に就くことが制限されること。教会の職は神さまの導きであり、それぞれが与えられている賜物や適性が考慮されるべきです。

(6) 子どもとの接点も成人と同じレベルで対応します。善意の身体的接触がPTSD（心的外傷後ストレス障害）になり、長いこと心の傷を抱え込んだまま、何があったかを言えないで苦しむ可能性もあります。子どもだから大丈夫ということはありません。また、保護者の受け取り方にも十分配慮すべきです。

　次にパワー・ハラスメントです。パワー・ハラスメントとは、「ある行為者が同じコミュニティーに属する者に対して、職務上の地位や権限などの優位性を背景に、業務の適正な範囲を超えて、精神的・肉体的苦痛を与え、あるいは環境を悪化させること（厚生労働省）」と定義されます。

　パワー・ハラスメントは三つのカテゴリーに分類されます。

　（1）　パワハラ　★1　〜業務の適正な範囲を超えている
　　　・身体的攻撃 ── 暴行など
　　　・精神的攻撃 ── 暴言など
　　　・関係の切り離し ── 無視など
　　　・過大な要求 ── 不可能な業務の強制など
　　　・過小な要求 ── 能力に比較して著しく低い業務の強制
　　　・個の侵害 ── プライベートなことへの過度な関わり

(2)　パワハラ様状態　★2

　　　・あってはならないとは断定できないが、相手がパワハラだと反応する
　　　・行為者はパワハラと思っていない
　　　発生要因
　　　1)　価値観の違い（時代性から来る場合が多い）を前提
　　　2)　表現のあり方やコミュニケーション欠如

(3)　適正な指導　★3

　★1はパワハラであると認定されますが、★2はグレーゾーン、★2か★3かは認定要件によって判断されます。認定要件とは以下の3点です。

(1)　相手がハラスメントであると感じた、強制された、この2点だけではパワハラになりません。この点が、セクハラの認定要件と違う点です。
(2)　基準は、業務の適正な範囲を超えていることです。業務上必要かつ適正な範囲内での指示、注意、指導は、相手が不満に感じてもパワハラとは認定されません。
(3)　業務の適正な範囲とは何かが問題になります。適正な範囲とは、所属するコミュニティーが適正な範囲と認定しているもの、業務として理解されている事項、理念、伝統などです。ただし、行為者の言動、他者との関係性も検討されます。

　大切なのは、責任の立場にある者が常日ごろから方針を共有し、そのことで信頼関係を構築していることです。そういった信頼関係なしに、上司だからということで相手に優位性を誇示し、威圧的な態度を取れば、難しいかもしれません。

明確に線を引くことは難しいのですが、教会的文脈でパワハラにならないために、以下のことに留意しておきましょう。グレーなことは避けるのが基本です。

(1) 場を和ませるためという気持ちから、ある人をからかう言い方をした。これはかなりきわどい感じです。やらないほうが安全です。
(2) 宗教的大義をつけたくなる行為全般。やりたくなったら、自分の心に向き合ってみましょう。宗教的大義をつけたいかどうか。
(3) 牧師の指示に従わなかったことで、教会内の立ち位置に変更が加えられた。これはハラスメントと取られる可能性があります。
(4) 牧師が、自分の人生の出来事などを自慢げに話し、周囲が嫌がっているのに気づかない。やらないほうが安全です。
(5) 仕事が忙しくて奉仕が難しい状況で、特別企画の奉仕をするように無理にお願いされた。奉仕の強要はよくありません。
(6) 信徒が牧師に、24時間体制でのスタンバイを要求すること、育児のあり方にコメントすることなど。これはハラスメントになる可能性があります。

　セクハラとパワハラに関するグレーゾーンと判断基準について見てきました。セクハラは、「相手がセクハラ、あるいは不快に感じた」ことで、かなりセクハラと認定される可能性が高いのに対して、パワハラは、「相手がハラスメントであると感じた、何かを強制された」ことだけではパワハラに認定されないということです。パワハラの場合はもう少しいろいろな要素が考慮されます。
　しかし、いずれも、疑われることはしないのが大原則です。グレーでありながらわかってやり続けるのは誠実ではありません。

第4章　セクハラを受けた方のために

1　ご遠慮なく早いうちに相談なさることをお勧めします

　ハラスメントにはセクハラだけでなく、パワハラ、その他のハラスメントもあります。しかしこの項目では、セクハラを受けた方を意識してお話を進めます。

　ハラスメントを受けていると感じていても、抗議したり、すぐにだれかに相談したり、訴えたりすることができない場合があるでしょう。ダメージが小さい場合は「気にしないようにしよう」とか、「忘れよう」と思うかもしれません。しかし、それが続くと、取り返しのつかないところまでいってしまうこともあります。心身ともに深い傷を受けてしまうと、相談しにくくなってしまうことがあるからです。とても人には言えないという状態に陥り、時には、そのような自分を否認してしまうことすらあるのです。ですから、相談は早いうちにされることをお勧めします。一般のハラスメント窓口だけでなく、各教団・教派でも窓口を設置しています。

2　対応の基本的な考え方

　ウィメンズカウンセリング京都の周藤由美子氏は、『セクハラ相談の基本と実際』の中で、加害者への対応の仕方を以下のように述べています。

Step ①　加害者に対応する人と被害者に対応する人は役割分担しましょう

Step ②　加害者にも弁明の余地を与える必要があります

Step ③　被害者に接触させないようにしなければなりません

Step ④　加害者にセクハラについて正しい理解をしてもらうよう伝える
　　　　必要があります

Step ⑤　加害者には具体的な指示が必要です　　　　　　　　(pp.84-85)

　それぞれの教派によってバラツキはあるものの、ハラスメント対応の
基本的な考え方として理解できると思います。

3　相談室の役割と一般的な対応

(1) お名前をおっしゃりたくない場合でもお話をお聞きし、対応をいっ
　　しょに考えてくれます。

(2) 守秘義務は厳密に守られます。専門的な対応をきちんとしてくれる
　　窓口であれば、あなた様の情報がそのまま所属教団に報告されるこ
　　とはありません。委員会設置など実際の対応が必要になった場合も、
　　あなた様の承諾なしに情報が上げられることはありません。このあ
　　たりについては各教団・教派の窓口に確認してください。

(3) ハラスメント相談室は一般的に以下のように対応します。

　　1）相談者の方からお話をお聞きし、その場で可能な対応について
　　　　いっしょに考えます。

　　2）実際の対応が必要な場合は、人権委員会などに報告し、協議し
　　　　ます。

　　3）教団としての対応が必要な場合は、さらに「事実調査委員会」
　　　　が設置されるなど、加害者側への接触も行われます。

　　4）いずれの場合も、必ずあなた様の了解を得たうえで動きます。

（4）あなた様が受けたことが、嫌な思いがしたけれどもはたしてセクハラなのだろうかなど、よくわからない場合も、ご遠慮なくご一報ください。重大なハラスメントが行われている場合もあります。

（5）ご本人でなくても、周囲の方がセクハラ被害に遭っているのではないか、何とか助けになりたいという思いをお持ちの方も、ご遠慮なくまずはご一報ください。

　被害を受けたときには、勇気を出して相談してください。ひとりで黙って受けとめていても解決しません。相談するだけで事件を思いだし、さらに心の傷を負う可能性もあります。専門的なケアが必要な場合もあります。あなたの心の傷が回復し、これからの人生が意義あるものとなるために、専門的にケアに携わっている心理士を訪ねてみることも視野に入れてください。

　何よりも、問題を最も悲しんでおられるのはイエスさまです。イエスさまの励まし、助け、導きが豊かでありますように祈ります。

参 考 文 献

『知らずに他人を傷つける人たち ── モラル・ハラスメントという「大人のいじめ」』
（香山リカ著、ベスト新書）

『モラル・ハラスメント ── 人を傷つけずにはいられない』
（マリー＝フランス・イルゴイエンヌ著、高野優訳、紀伊國屋書店）

『弁護士が教えるセクハラ対策ルールブック』
（山田秀雄・菅谷貴子著、日本経済新聞出版社）

『教会と暴力 I』
（日本バプテスト連盟、ハラスメント防止テキスト）

『セクハラ相談の基本と実際』
（周藤由美子著、新水社）

『宮本の発信〜性暴力被害者の家族として』
（宮本晴美著）

『ヒトは「いじめ」をやめられない』
（中野信子著、小学館新書）

『よく宗教勧誘に来る人の家に生まれた子の話』
（いしいさや著、講談社）

『現場で役立つ!〜セクハラ・パワハラと言わせない部下指導、グレーゾーンのさばき方』
（鈴木瑞穂著、日経新聞出版社）

『ハラスメントの境界線〜セクハラ・パワハラに戸惑う男たち』
（白河桃子著、中公新書ラクレ）

あとがき

　数年前、一般のニュース誌がキリスト教界のハラスメントについて取り上げ、そのことをきっかけに、2010 年前後からキリスト教界内でハラスメントの取り組みが始まりました。キリスト教会や教派が、専門の方々をお迎えした研修会を行うなど、ハラスメント問題について学ぶ機会も増えていきました。

　超教派の有志によってセクシャル・ハラスメント防止連絡会（SH 防止連絡会）が設立されました。参加教団は少しずつ増え、問題共有の意識が少しずつ広がっています。

　さらに、教団・教派によっては、ハラスメントを受けた方をお助けするための相談窓口を設置し、問題が起きたときに対応できる体制を作っています。しかし、被害を受けた方をどれだけお助けしても、その傷は深く、簡単に癒されるものではありません。法的レベルになれば、さらに傷は深くなり、申立人、被申立人双方が納得できる結果になることはほとんどありません。ですから、起きてから対応するよりは起きないようにすることのほうがはるかに大切です。

　そのような観点から、各教団・教派で、ハラスメントの理解を深めるためのチラシやパンフレットが作成されるようになりました。本パンフレットは、最初一教団（イムマヌエル綜合伝道団）の取り組みでした。特に、このことに心血を注いで取り組みながら、2015 年 6 月に召天した伊藤正泰牧師のキリスト者の良心に基づくご意志は、永く私たちの心の中に刻まれるべきと思います。

　一教団の取り組みとして始まりましたので、内容もすべての教団・教派に共通的に受けとめていただけるものではなく、一つのケーススタディーにすぎません。ところが、いのちのことば社とお話しさせていただくなかで、本書の出版を担ってくださる方向でお話がまとまっていきました。峯島平康氏、長沢俊夫氏には特別なご配慮をいただきましたことを改めまして心から感謝申し上げます。

イエスさまは、私たち一人ひとりを尊重し、愛してくださいました。立場を越えて各人が大切にされ、互いを尊重し合える主にある教会として、主がさらに私たちを祝福してくださることを祈ります。

　どこの教団・教派でもそうだと思いますが、ハラスメントや人権対応の部署は、活動が発展・充実していかないこと、つまり一日も早く「開店休業状態」になり、組織自体が廃止されることを願っています。その日に向かって、決して十分な内容ではありませんが、参考にしていただけることがあれば幸いです。

巻末付録

気をつけたい
ハラスメント想定場面集
──気づきの助け──

　どのような場合にハラスメントになるか、一つの目安として、具体例を列挙します。これは実際のケースではなく、想定して作成したものです。この場面集は、明らかなセクハラや極端なパワハラよりは、日常的な牧会現場で起こり得る事案や守秘義務違反に焦点を当てています。キリストのからだである教会を委ねられる牧師は研修を重ね、極力次ページ以下のようなことがないように心がけています。信徒の方々も人ごとと思わず、同じ心で群れのために祈り、群れの建て上げに加わってください。常識・非常識という一般のレベルを越えて、互いにキリストのからだの健やかな建て上げのために注意してみましょう。

　《考えてみましょう》で、1 ～ 20の場面について解説していますので参考にしてください。

·········· セクシャル・ハラスメント、ジェンダーに関連して ··········

1
若い信徒が元気がなかったので励まそうと思い、異性の牧師が背中に手を添えて声をかけた。

2
相手が子どもだから、多少からだに触れることがあっても問題はないと思う。

3
教会の役員さんが若い女性の教会員に、「結婚はまだなの」と聞いた。

4
自分は既婚者なので、セクハラについての配慮は未婚の人ほどは気にしなくてもよい。

5
牧師が異性の信徒を助手席に乗せて運転した。

6
「時代が時代なのだから女性に重要役職に就いてもらうために、女性は女性に投票すれば良い」と言う。

·········· モラル・ハラスメントに関連して ··········

7
牧師が牧師夫人に対し（牧師夫人が夫である牧師に対して）、教会員の前で「上から目線」の、あるいは「威圧的」な言い方をした。

8
教会の運営について会衆に説明する奉仕をお願いしたら、自分にはできないと断ってきた。やることも祝福になると言って、とにかくやってもらった。

9
例会など男女別の交わりの場で、家庭の中での自分の配偶者への不満を話題にした。

10

自分の教会の信徒との牧会的なやりとりについて、他の場所で説教したときに例話として引用した。個人名を伏せて、「Aさん」としたので大丈夫だ。

11

ある信徒の方が直面していた問題について、すでに問題は解決し、本人もそれを乗り越えて明るい教会生活を送っているので大丈夫と思い、みんなで雑談しているときに、「そう言えばBさん、あんなことがあったよねえ」と軽い気持ちで言った。

12

口の堅い、他の教会員からも信頼されている教会の役員さんに、「ここだけの話ですが」と断って、他の会員の情報を話した。

13

場を和ませるのも大切だと思い、みんなで雑談している場面で、ある人をからかう言い方をした。

14

土曜日の夜遅く、信徒の方から電話でお祈りのリクエストをもらった。神の家族である教会は当然すぐに祈りを始めるべきであると思い、早速翌日の週報に掲載した。

15

この先生だったら大丈夫だと思って、自分のプライベートなことを話した。しばらくあとで、その話をかなりの人たちが知っていることに気づいた。

16

教会の信徒から、「今度の交わり会についてあの姉妹に連絡をしたいのだけれども、住所を教えてください」と言われた。

17

特別集会に来会した人の名前などをリストにして、祈祷会で配布し、祈った。

18

個人情報が書いてあるプリント
や役員会の議事録が教会事務
室の机の上に置いてあった。

20

「この方のおっしゃっていることが
本当だったら自死してしまわない
かな」と心配になったが、個人情
報なのであくまで伏せておいた。

19

数年前に召天した方について、召天者記念礼拝の後の交わりの場で、思い出
話のつもりでその方のことをいろいろ軽い気持ちで話したが、あとで少し言い過
ぎたのではと反省した。

考えてみましょう

1 ボディー・タッチは日本ではあまりその習慣がないので原則避けるほうが良
いでしょう。肩をたたくこと、ハイタッチや握手がプログラムに組み込まれるこ
と、肩を組んで賛美すること、手をつないで祈ることなどには、不快に感じる方がお
られるかもしれないことを心に留めましょう。牧師だけではなく、信徒同士の交わり
の場でも、配慮のある振舞いを心がけましょう。

＊

2 子どもも成人と同じです。頭をなでる、横から腕をまわす、抱き上げるなどの必
要以上の身体的接触は避けるほうが安全です。また、本人だけでなく、その
保護者が不快に感じれば、その時点で問題になります。特にCSの活動などでは
配慮が必要です。

＊

3 ジェンダーに関係した発言は注意が必要です。万が一必要な場合も「相手
の視点に立った」発言が大切です。「結婚はまだなの?」、「赤ちゃんはまだな
の?」などはハラスメントです。同様に、「ダイエットしてるの?」「きょうの服はとても
似合うね」など、身体的特徴や服装・髪型・化粧等について頻繁に言及すること
も、言う側は親しみを込めたものであっても、不快に受け取られることが多いとされ
ています。

④ これは多くの人たちが誤解をしている問題です。ハラスメントは自分や相手が既婚・未婚であるかどうかは全く関係ありません。また、年齢や経験年数などにも関係なく起きている実例が多くあります。ですから、どのような立場、年齢であっても、すべての人に注意が必要です。

＊

⑤ このことだけでは何とも言えません。同様に、教会の中の個室など閉ざされた空間に牧師と信徒、信徒同士などが、男女二人だけになるような状況も、極力避けるようにしたいものです。いずれにしても、相手に配慮すること、良い証しを立てることを心がけるべきです。

　このことに限らず、夜に異性のお宅を訪問することなど、もちろん牧会的に緊急の対応を要する場合もありますが、誤解を招く可能性のあることは予防的に避けるべきでしょう。

＊

⑥ ハラスメントの可能性があります。男性・女性の適性を考慮した運営は大切ですが、性差があまりに前面に出る発言は控えるべきです。「女性の発言だから」などの言い方もよくありません。また、「女性大会」なども、男性を排除する意味でなされていれば、注意が必要です。「女性だから」「男性だから」という理由だけで、様々なことを決定することなど、一般社会では問題視される可能性が大いにあります。

＊

⑦ これだけでは断定できませんが、配偶者に対する配慮は、家庭の中だけでなく、教会の中でも大切にしたいものです。当然のことですが牧師だけではなく教会に集うすべての人が気を付けるべきことで、相手を見下げた言い方をしたり、無視するなど、常にそのような接し方がなされていれば、社会一般の感覚ではモラル・ハラスメントとみなされるでしょう。

＊

⑧ これだけでは何とも言えませんが、この1回でその後の奉仕をはずされたり、冷たい接し方をされるなど不利益を被ることがあれば、ハラスメントになる可能性があります。

教会では、牧師が信徒に、あるいは信徒同士でも、奉仕や交わりの時にいろいろな奉仕をお願いすることがありますが、一方的ではなく、相手への配慮が大切です。ハラスメントの問題は、相手に対して配慮を欠くところから起こるものです。牧師も信徒も互いに配慮を忘れずに、良い関係を築きたいものです。

＊

⑨ 話している人は、特に問題意識がないまま、軽い気持ちで話してしまうことがあるかもしれませんが、その場に本人がいない時でも配慮を忘れないようにしたいものです。不満ではない、家庭内での些細な言動などでも、それを他人に話された本人が不快に感じる可能性もあります。

　また、牧師が説教の中で配偶者や子どもなど、自分の家族の話題を本人の同意なく例話にすることは控えるべきですし、自分の若い時の苦労話や成功談、身内に関する話は、単なる自慢話と受け取られてしまうこともあり得ることを覚えましょう。

＊

⑩ 個人情報の取り扱いは非常に厳しい目で見られる時代です。個人情報は本人の同意なしに開示されてはなりません。

　牧師の場合、職務上知り得る個人的な情報には守秘義務が課せられることを覚え、個人情報を守る意識をしっかり持つ必要があります。前任の教会の信徒の情報など、聞いている人には個人を特定できないと思われる場合でも軽率に話すことは問題になります。また、同意を得て話す時には、徹底して人物の特定ができないような配慮が必要です。個人情報などに関わることについては、牧師、信徒を問わず、配慮と慎重さを忘れてはなりません。

＊

⑪ ある個人の問題を、たとえすでに解決した過去のことであっても、公の場でも個人の会話の中でも軽い気持ちで持ち出すべきではありません。

＊

⑫ 教会の中で、お祈りに覚えてほしいという善意の動機で、「ここだけの話」と言って別の方の個人的なことを話すことがありますが、本人の同意なしに話すことは控えましょう。「ここだけの話」という文句は、他人の個人情報を人に話す人として信頼を失いかねない場合もあるという意識を持ちましょう。

13 教会には交わりの場が多くありますが、複数の人がいる状況で話題にする事柄には、慎重でありたいものです。受け取る側が笑えないジョークはハラスメントになる可能性があります。そのようなつもりではなかったとしても、自分以外の人がネタになっている冗談は、言われた人を深く傷つけてしまうのみならず、それを聞いた人の中にも不快に思う人がいるかもしれませんので、基本的には避けるべきです。

━━━━━━━━━━━━━━━ ✳ ━━━━━━━━━━━━━━━

14 病気にしろ、家族のことにしろ、個人的なことを週報に掲載するかどうか、公の集会で祈祷課題として公表してよいかを確かめることが必要ですから、本人にそのことを尋ねる習慣をつけたいものです。

　教会の交わりの中でも、兄弟姉妹の祈りの課題をどの範囲で共有するかはデリケートな問題であることを心に留めましょう。自分の配偶者であっても、軽率に話すことを控えるべき場合があります。

━━━━━━━━━━━━━━━ ✳ ━━━━━━━━━━━━━━━

15 プライベートな打ち明け話は「墓場まで持って行く情報」です。プライベートな内容はだれであれ、むやみに他言しないのがルールですが、万が一他の人にも共有しておいたほうがよいと感じた場合には、「だれに」「どこまで」話してよいかを本人に確かめておくことが必要です。

━━━━━━━━━━━━━━━ ✳ ━━━━━━━━━━━━━━━

16 住所、電話番号、メールアドレス、誕生日、家族関係などの個人情報は、全く気にせずにオープンにする人もいる一方で、そうでない人もあります。それぞれの教会の伝統ややり方にもよりますが、教会の中の兄弟姉妹同士だから大丈夫、と思わず、これからの時代性を考えれば、本人に情報を開示してよいかを確かめてから教えるのが原則です。「自分が知らない間に、どうしてあの人は自分の住所を知っているのだろう」という違和感を抱かれるのはよくありません。教会は情報を適正に管理していないという印象を与えます。

　教会員の名簿についても、本人が望まない場合、住所などの記載を控えたほうが良いでしょう。

17 記名カードに書いてもらった情報は個人情報にあたりますので、本人の許可なしに、それが教会内であっても開示されてはなりません。そのことを避けるために、記名カードに、「この情報はご案内を差し上げるため、また書いてくださった方に神さまの祝福があるようにお祈りするために用います」など、前もって断りを書いておくのも一つの方法です。どうしてもいっしょに心を合わせて祈る必要がある場合は、最低限の情報に限定することや、祈り会が終わった後に回収するなど、可能な限りの配慮をしましょう。

＊

18 牧師の守秘義務違反になる可能性が高い状況です。文書は、その情報を知る権利と責任がある人だけが閲覧できるように管理する義務があります。議事録、信書など、個人情報が見えるものは適正に管理しなければなりません。また、個人情報が記録されたUSBなどの扱いにも注意が必要です。誰もがアクセスできるような場所に無造作に置くようなことのないように気をつけましょう。

＊

19 話す側は普通の思い出話のつもりでも、また、年数がどれだけ経過していても話してはならないことも多くあります。また、内容によっては、それが話題に上がることで遺族の方が傷つくこともあり得ることを配慮しましょう。

＊

20 これは難しい状況で、このパンフレットでは扱いきれない問題です。自死の可能性があると思われる場合は、個人情報の問題の範疇を越えるものであると判断されます。相手の話に耳を傾け、状況をよく見極め、精神医学や心理臨床の専門家の力を借りることが必要となります。きわめて深刻なケースでは、相談者が不利益を被らないために、守秘義務が解除されるケースもある、ということです。

　また、他人の罪を知ってしまった場合なども、どうすべきか非常に難しい問題ですが、良く祈って自分一人で本人に伝えることができれば、それが最も良い方法です。しかし、自分一人では担いきれない場合には、まずは個人的な情報を伏せるかたちで、しかるべき方に相談することもあるかもしれません。